AF461562

1866. 26 Novembre

(227e)

CATALOGUE
D'ESTAMPES
ANCIENNES
DES DIVERSES ÉCOLES
BEAUX PORTRAITS
D'APRÈS VAN DYCK ET AUTRES
École Française XVIIe Siècle

DONT LA VENTE AURA LIEU

HOTEL DES COMMISSAIRES-PRISEURS

Rue Drouot, n° 5

NOUVELLE SALLE N° 4, AU PREMIER ÉTAGE

Les Lundi 26 & Mardi 27 Novembre 1866

A UNE HEURE

Me **DELBERGUE-CORMONT**, Commissaire-Priseur,
rue de Provence, 8;

Assisté de **M. VIGNÈRES**, Marchand d'Estampes,
rue de la Monnaie, 13, à l'entresol; entrée rue Baillet 1,
CHEZ LEQUEL SE DISTRIBUE LE CATALOGUE.

EXPOSITION PUBLIQUE

Le DIMANCHE 25 Novembre 1866, de 1 heure à 4 heures.

PARIS — 1866

PREMIÈRE VACATION

Estampes Anciennes.

Portraits.

DEUXIÈME VACATION

Ecole du XVIIIe siècle à la fin.

CONDITIONS DE LA VENTE

Elle sera faite au comptant.

Les Acquéreurs paieront, en sus des adjudications, CINQ pour CENT applicables aux frais.

M. VIGNÈRES, dirigeant la vente, se charge des Commissions.

NOTA. Toute commission sans prix fixé ou sans limite déterminée sera regardée comme nulle.

M. VIGNÈRES se charge de faire marquer les prix aux Catalogues des ventes qu'il a faites. Les personnes qui le désirent peuvent s'adresser à lui *franco.*

Plusieurs Amateurs éloignés en ont reconnu l'utilité pour les guider dans leurs Achats sur les valeurs des Estampes.

Les Catalogues des Ventes à faire seront envoyés aux personnes qui en feront la demande *affranchie.*

AVIS. — Nous prions MM. les Amateurs éloignés de ne pas attendre au dernier jour, pour que les lettres arrivent le matin de la vente; ils comprendront que quelques lettres peuvent se lire, mais de 20 à 50 lettres, c'est difficile.

(227e)

ESTAMPES ANCIENNES

1 **Backhuisen** (d'ap.). Belle Marine gravée par *Canot*. Très-belle ép. in-fol. avant la lettre.

2 **Bonasone** (J.). Clelie passant le Tibre. B. 83.

3 — Le Lever du soleil (B. 99). Pièce rare.

4 — Le dieu Pan assis près d'une nymphe. Très-belle ép. d'une belle pièce du maître.

5 — L'Amour planant au-dessus de Junon et de Vénus dans leur char. — Les chars d'Apollon et de Vénus, copie trompeuse du maître au Dé (B. 24). 2 p. attribuées.

6 **Bosse** (Abraham). La Terre, jolie dame tenant des fruits. — Titre de la Manière de graver et autre. 3 p., très-belles ép.

7 — Seigneur pinçant de la guitare, *Belle Cloris*, etc. Très-belle ép.

8 — Le graveur en taille-douce. — L'Imprimeur. 2 p.

9 — Le noble Peintre. Leblond excud.

10 — La Vue. Belle ép. chez Tavernier.

11 — Le Toucher, pièce gracieuse chez Tavernier.

12 — L'Apothicaire. Pièce curieuse.

13 — Le Cordonnier. — Le Juge. 2 pièces.

14 — Le Coucher de la Mariée.

15 — Cérémonies observées au mariage de Vladislas IV, roi de Pologne, et de Louise-Marie de Gonzague. Très-belle ép. d'une p. importante du maître.

16 **Boulogne** (L. de) le père. L'enlèvement d'Hélène, d'ap. *Le Guide* (R. D, 11), 2e état.

17 **Brebiette**. Sacrifices à Vénus, au dieu Pan, et autres frises; les Grâces. 6 p. très-belles.

18 **Brunn** (Isaac). La cathédrale de Strasbourg et l'horloge sur la même planche, 1607. Pièce rare.

19 **Bry** (Théodore). Triomphe du Christ. — Bal noble, six groupes de danseurs. 2 frises collées.

20 — Marche de bagages d'armée suivie de la Mort. — Autre marche de bagages. — Marche de troupes. 3 frises, belles ép. collées.

21 — L'Age d'or, d'ap. *Bloemart*. Jolie p. ronde sans marge.

22 **C.-L.-B.** Fontaine des Amours. — Fontaine de Sylle. 2 p.

23 **Callot**. La Carrière de Nancy. Ep. avant l'adresse de *Silvestre*.

24 — Massacre des Innocents et 2 paysages. 3 p.

25 **Cantarini** (Simon), dit le Pésarèse. Repos en Egypte. Très-belle ép.

26 **Carrache** (Annibal). Vierge à l'écuelle. — Petite Sainte Famille de Simon *Cantarini*. 2 p.

27 **Carrache** (Aug.). L'Amour réciproque (B. 119).

28 **Carrache** (d'ap.). Pan dompté par l'Amour. — La Charité. — Sainte Claire, la Vierge et Jésus par *Roullet*. Très-belle ép. 3 p.

29 **Caraglio**. Les travaux d'Hercule. 6 p., belles ép.

30 — Sainte Famille au berceau, d'ap. *Raphaël*

31 **Carpioni**. Jésus au jardin des Oliviers.

32 **Cheron** (Louis). Saint Pierre guérit un boiteux à la porte du temple (R. D. 27), 2e état.

33 **Collaert** (J.). Le roi David et Betsabé? Belle ép. d'ap. *Martin de Vos.*

34 **Corrége** (d'ap.) La Vertu victorieuse des Vices. — L'Homme sensuel. 2 p. par *Et. Picart.*

35 — Léda, composition entière par *Desrochers.* — La même composition, Toilette de Diane, grand in-fol. avec plusieurs changements, par *Sornique.* 2 p.

36 **Dé** (Maître au). La fable de Psyché d'après *Raphaël,* suite complète de 32 p., dont 3 par *Aug. Venitien.* Belle suite.

37 — Le triomphe de Scipion l'Africain (B. 74). Très-belle ép., 1er état, avant l'adresse et l'inscription.

38 **Dughet,** dit Guaspre Poussin (R. D. 7). L'homme dans le bateau, avant l'adresse de Mauperché.

39 **Ecole de Fontainebleau.** Enlèvement d'Hélène, d'ap. un dessin attribué à *Lucas Penni* (B. XVI, p. 374). Belle ép.

40 **Ecole française,** d'ap. Lesueur, Poussin, etc. 7 p.

41 — Maîtres anonymes. Bacchus et Ariadne. — Nymphe et l'Amour. 2 p. à l'eau-forte, très-rares.

42 **Ecole italienne,** XVIe siècle. Diane et Actéon.

43 — Diane sur son char, pièce ovale.

44 — Milon de Crotone, pièce en bois. Cab. Camberlyn.

45 **Falck** (J.). Orgie de soldats dans un Musicos. Superbe ép. du cabinet Reynst, avant toute lettre, marge.

46 **Franco.** Triomphe de Bacchus et de Silène deux frises superposées (B. 45). Belle ép.

47 **Genoels**. Paysages, parcs, etc. 5 p. Belles ép.

48 **Ghisi** (Diana). Le corps de Patrocle retiré du combat. Belle ép. d'ap. *J. Romain.*

49 **Ghisi** (Georges). Cupidon et Psyché d'ap. *Jules Romain.* Ép. du 1er état, avant la draperie.

50 **Goyrand**. Paysage, titre de vues de Paris, saint Jean Baptiste. 3 p., belles ép.

51 **Guerchin** (d'ap.). Bal des Gueux. Au bistre par *Denon.* — Le Temps et Mars voyant l'Amour pris dans les filets de Vénus, par *Pool.* 2 p.

52 **Heyden** (J. ab.), *ex.* La Cathédrale de Strasbourg, petit in-fol. Très belle ép.

53 **Koning** (C.). Soirée musicale avec costumes riches. — Le Printemps d'ap. *Boons.* 2 p., belles ép.

54 **La Belle** (Et. de). Table des ornements de l'Écu d'armes des anciens hérauts. Grande pièce curieuse.

55 **Lafage**. La Fontaine, Bacchanale (R. D. 11).

56 **Lahire**. Paysages. 31, 32, 33, 34. 4 p., belles épr.

57 **Le Brun**. Les parties du Jour, sujets de satyres. 4 p.

58 **Le Brun** (d'après). Entrevue de Louis XIV et de Philippe IV d'Espagne, 1660. Belle ép. par *Jeaurat.*

59 — Renouvellement d'alliance entre la France et les Suisses, 1663. Belle ép. par *Nolin*, grande marge.

60 — Siège de Tournay, 1667. Belle ép. par *S. Leclerc.*

61 — Frises formées de trophées d'armes dans un entourage d'armes diverses. — Sujet historique par *Folkema*. 2 p.

62 **Leclerc** (Sébastien). Le Mai élevé dans la cour des Gobelins.

63 — Fondation du Jardin des Plantes par Louis XIV. Belle ép., marge.

64 — Costumes français du règne de Louis XIV. 20 p.

65 **Lepautre**. Fontaine, alcôves, eau, bénitier, vase, clôtures de chapelles, etc. 20 p. très-belles.

66 — La Fête de l'Amour et Bacchus représentée dans le petit parc de Versailles en 1664.

67 **Le Pautre**. Titres divers, Frises avec enroulement de feuillages ornés de figures, d'une grande beauté, plafond, fontaine, etc. 16 p.

68 **Lesueur** (Eust.). Sainte Famille, seule pièce du maître. —Autre Sainte Famille par *S. Vouet*. 2 p.

69 **Lesueur** (d'ap.). Vue perspective de la galerie, vue de l'intérieur du cabinet de l'Amour, vue de l'intérieur du cabinet des Muses. 3 p de l'hôtel Lambert, gravées par *Picart*. Très-belles ép.

70 **Luyken**. Entrée de Guillaume III, roi de la Grande-Bretagne à la Haye, 1691. Superbe ép. — L'Hôtel-de-Ville d'Amsterdam, *Meurs ex*. 2 p.

71 **Matham**. Vénus et Adonis, au fond le Repas des Dieux. B. 21. Ovale en hauteur.

72 **Meulen** (d'ap. van der). Marche du Roi accompagné de ses gardes, passant sur le Pont-Neuf et allant au Palais, par *Huchtemburgh*. Très-belle ép. d'une grande pièce en 3 feuilles non jointes, toute marge.

73 — Vue du château de Vincennes du côté du parc avec Sa Majesté en chasse. — Le château de Versailles comme il était ci-devant, avec les voitures de la cour. — La reine allant à Fontainebleau accompagnée de ses gardes. — Un état-major en campagne. 4 grandes p., très-belles ép.

74 **Meyering**. Le Mausolé (B. 8). — Le Coup de fusil (B. 16) du cab. van den Zande. — Le Pont de bois (B. 23), 3 p., très-belles ép.

75 **Michel Ange** (d'ap.). Dieu le père créant le monde. — La Sainte Famille reposant. 2 p. par *Cunego*, avant la lettre.

76 **Mola** (d'ap. F. de). Saint Jean prêchant dans le désert, par *P. S. Bartoli.*

77 **Morin** (Jean). Suite de six paysages de forme ronde. R. D. 89 à 94. Superbes ép. avec les angles blancs. Très-rare

78 **Moucheron** (J.). Les quatre pièces de salon, sujets arcadiens, intérieurs de parcs. 4 p., très-belles avant l'adresse *Ysack en Baunt.*

79 **Netscher** (d'ap.). Mort de Cléopâtre. Très-belle ép. par *Wille*, rognée et remargée comme avant toute lettre.

80 — Le Jeu de piquet par Lépicié, 1746. Très-belle ép., grande marge.

81 **Ostade** (d'ap.). Halte flamande. — Le cabaret flamand. 2 p. par *De Longueuil.*

82 **Parmesan** (Mazzuoli, dit le). La Nativité. — Sainte Thaïs (B. 10) et autres d'après lui. 3 p.

83 **Pas** (Crispin de). Orgie sous un berceau, l'Enfant prodigue ? d'ap. *Martin de Vos.*

84 — Titres Anthropomorphose, — et autre. 2 p.

85 **Picart** (Et.). Concert de musique d'ap. *Dominiquin.* Sup. ép., marge.

86 **Rabel** (Daniel). Titre du livre pour l'Epître de Saint-Paul. — Chasses au faucon, au pipeau, au renard, lièvre, oiseaux aquatiques. 6 sujets du livre des chasses. En tout, 7 p., belles et rares.

87 **Raimondi** (Marc-Antoine). La Cassolette, 2e planche. — La même, par *M. de Ravenne.* 2 p.

88 — Triomphe de Galathée, d'ap. *Raphaël.* Ep. signé Mariette. 1696.

89 — Le Parnasse d'ap. *Raphaël.* Belle copie.

90 — Vénus et l'Amour sur des dauphins, par *M. de Ravenne.* Très-belle ép. avec *Ant. Sal. exc.*

91 **Raphaël** (d'ap.). Les Noces de Psyché, frise par *F. Perrier.* — La Vierge au baldaquin, par *Lorenzini.*

92 **Ribera,** dit l'Espagnolet. Le Poëte. Superbe ép. de la vente Férol.

93 **Rota** (Martin). Le Jugement dernier, dédié à Rodolphe II.

94 **Sarte** (d'ap. André del). La Vierge au Sac. — Sainte Famille par *Brebiette.* Très-belle ép. 2 p.

95 **Schiaminosi** (Raphaël). Repos en Egypte. Belle ép.

96 **Swanevelt** (H.). Le Jeu de boule. — La grande Cascade — et paysage avec ruine par *Stalbant.* 3 p.

97 **Téniers** (d'ap. D.). La Mort par une fenêtre montre le sablier derrière un vieux et une vieille qui pèsent de l'or, gravé par *Van Steen.*

98 **Titien.** Le Paysage au dragon. B. XVI p. 99. Très-belle ép.

99 — (d'après). Ganimède par *Cunego.* — Bacchanale par *Podesta.* — Tarquin et Lucrèce. Belle ép., 3 p.

100 **Uden** (Lucas van). L'Abreuvoir d'ap. *Rubens* (B. 57). Belle ép. avec *Wyngaerde.*

101 **Valesio.** Un Satyre empêche Vénus de fustiger l'Amour (B. 5). Très-belle ép.

102 **Weirotter.** Paysages et marine. 3 p. à l'eau-forte, très-belles ép. avant le n°.

103 **Velde** (d'ap. V. de). Chasse royale, gravé par *Malbeste* et terminé par *Le Bas.* Très-belle ép.

104 **Veronèse** (d'ap.). Les Noces de Cana, petit in-fol., par *Cochin* père.

105 **Vico** (Enée), 1542. Jupiter en Cigne et Leda, pièce ovale. Très-belle ép., sans marge.

106 **Vouet** (d'ap. S.). La Nativité par *Daret.* — Vierge et Jésus auxquels un ange offre des fruits. – Le Christ mort. — Psyché et l'Amour. — Hérodiade. — La Charité romaine, par *Mellan.* 6 p. très-belles.

107 **Wouvermans** (d'ap.). Halte Flamande. — Voyageur allemand. — Chasse-marée allemand et autre. 4 p.

108 **Zeeman.** Faubourg Saint-Marsau à Paris. — Block Huysen. — Lancement d'un navire. — Marine. 4 p.

109 **Diverses Écoles.** Diane et Actéon, Chaste Suzanne, Adoration des Bergers, etc 6 p.

PORTRAITS

110 **Aubert** (M.). Marie-Josèphe de Saxe, Dauphine de France, grand in-4, d'ap. *de la Tour*. Belle ép.

111 **Balechou**. Jean de Julienne, in-fol. d'ap. *de Troy*.

112 **Beauvarlet**. Molière, in-fol. d'ap. *Bourdon*, 1er état avec la dédicace à M. le duc Daumont.

113 **Bervic**. Senac de Meilhan, in-fol. d'ap. *Duplessis*.

114 **Blotelingh**. Flinck, peintre, in-4.

115 — Kortenaer, amiral hollandais, grand in-fol. Belle ép.

116 — Michel Ruyter, amiral hollandais, grand in-4.

117 **Bolswert** (S. à). Léonard Lessius, Jésuite, en pied, in-fol. Très-belle ép.

118 **Carmona**. Collin de Vermont, peintre, in-fol. d'ap. *Roslin*. Très-belle ép.

119 **Chenu**. Madame Favart, d'ap. *Garand*. Joli portrait in-8, entouré de fleurs.

120 **Chereau**. Pardaillan de Gondrin, duc d'Antin, in-fol. d'ap. *Rigaud*. Très-belle ép., marge.

121 — Nic. de Largillierre, peintre, in-fol. d'ap. lui-même. Très-belle ép.

122 — Jeanne d'Arragon, reine de Sicile, d'ap. *Raphaël*. Très-belle ép.

123 **Coqueret**. Buonaparte, in-fol., en pied.

124 **Dalen** (C. Van). Delboe Sylvius, médecin. Très-belle ép , grand in-4.

125 **Dankertz** ex. Calvin (Jean). Bon portrait in-fol.

126 **Daullé** (J.), 1743. Marguerite de Valois, comtesse de Caylus, in-fol. d'ap. *Rigaud*. Belle ép.

127 — Jean Mariette, graveur et libraire, in-fol. d'ap. *Pesne*. Très-belle ép.

128 — H. Rigaud peignant le portrait de sa femme. Belle ép. sans marge.

129 **Desrochers** ex. Henriette Adélaïde de Savoye, duchesse de Bavière, portrait in-4. Sans marge.

130 — Mlle Duclos, comédienne, in-8.

131 **Drevet** (Claude). C.-G. Guil. de Vintimille, archev. de Paris, in-fol. d'ap. *Rigaud*. Très-belle ép.

132 **Drevet** (P.). Fénelon, in-4, d'ap. *Vivien*. Superbe ép., marge.

133 — Adrienne Lecouvreur, d'ap. *C. Coypel*, in-fol. Belle.

134 — Louis XV, enfant, en manteau royal, à mi-corps, in-fol. d'ap. *Rigaud*. Belle ép.

135 — Louis duc d'Orléans, in-4, d'ap. *Coypel*. Belle ép. avant l'inscription sur la console.

136 — Philippe V, roi d'Espagne, in-fol. d'ap. *Rigaud*.

137 — Rigaud tenant sa palette, in-fol. d'ap. lui-même.

138 — Dom Denys de Sainte-Marthe de la Congrégation de Saint-Maur, in-fol. d'ap. *Cazes*. Très-belle ép.

139 — Maria Serre, mère de Rigaud, in-fol.

140 — L. Hector, duc de Villars, maréchal, à mi-corps, in-fol. d'ap. *Rigaud.* Très-belle ép. sans marge.

141 **Duchange**. François Girardon de Troyes, sculpteur, in-fol. d'ap. *Rigaud.* Belle ép.

142 **Dupuis**. Nic. Coustou, sculpteur, in-fol., le titre coupé et recollé.

143 — Nic. De Largillière, peintre, d'ap. *Geulain*, in-fol. Belle ép., marge.

144 **Dyck** (A. Van). Juste Suttermans, peintre.

145 — Lucás Vorsterman, graveur.

146 **Dyck** (d'ap. Van), par *Bloteling*. Marquis de Mirabelle. Très-belle ép. avant *et excudit*.

147 — par *Bolswert*. Juste Lipse. Très-belle ép.

148 — Marg. de Lorraine, duchesse d'Orléans. Très-belle ép. avec *G. H.*

149 — par *C. Galle Junior*. Marie d'Autriche, femme de Ferdinand III. *J. Meyssens excudit.*

150 — par *Hollar*. Lucas et Corneille de Wael, *Meyssens ex.*

151 — par *de Jode*. Pierre de Jode le jeune, graveur. Très-belle ép.

152 — Jacques Jordaens, le titre coupé et recollé.

153 — Geneviève d'Urphé, duchesse de Croï. Belle ép.

154 — par *Pontius*. Marie, princesse d'Aremberg. Belle.

155 — Charles Columna. Très-belle ép. avec *G. H.*

156 — Emanuel Frocas Perera. Belle ép.

157 — Gustave Adolphe, roi de Suède. Belle ép.

158 — Marie de Médicis, reine de France. Belle ép.

159 **Dyck** (d'ap. Van). A. van Dyck. — Gaspar de Crayer. 2 p. in-4.

160 — par *Waumans*. A. de Zuniga, marquis de Mirabelle, avec *J. Meyssens excudit.*

161 — par *Vorsterman*. Antoine Van Dyck, avant le nom du graveur et avec *Mart van den Enden*, 1er état. Très-belle ép.

162 — François de Moncade. Belle ép. avant *cum privilegio*.

163 — Isabelle-Claire-Eugénie, infante d'Espagne.

164 — Gaston, duc d'Orléans.

165 — Nicolas Roccox, in-fol. avec les médailles.

166 — Corneille Sachtleven, avant le nom du graveur et avec *Mart. van den Enden*. Belle ép.

167 — Philippe Leroy. Très-belle ép. avant la lettre, la tête gravée par *Vorsterman*, rognée du haut.

168 — Nicolas Lanier, peintre, d'ap. *J. Livens*. Belle ép.

169 **Edelinck**. Duquesne (192). — Lully (262). — Quinault (301). 3 p. in-4.

179 **Edelinck** (G.). René Descartes, grand in-4 d'ap. *Hals*. Belle ép. chez Chereau. R. D. 181.

171 — Desjardins, sculpteur, in-fol. d'ap. *Rigaud*. R. D. 182, 2e des 4 états avant les adresses. Très-belle ép.

172 — Ch. d'Hozier, généalogiste du Roy (184), in-fol. d'ap. *Rigaud*. Belle ép., marge.

173 — Charles Gobinet de la Sorbonne, in-fol. d'ap. *de Largillière* (215). Très belle ép., marge.

174 — Charles Le Brun, peintre, grand in-fol. d'ap. *de Largillière* (238). Belle ép.

175 — Jules Hardouin Mansart, surintendant des bâtiments (267). In-fol. d'ap. *Vivien.*

176 — Jules Hardouin Mansart, in-fol d'ap. *Rigaud* (268), avec l'adresse de Bligny.

177 — Hyacinthe Rigaud, peintre, in-fol. d'ap. lui-même (303).

178 — Claude de sainte Marthe, prêtre (308), avant la retouche.

179 — Jacques Savary (314), in-4 d'ap. *Coypel.* Très-belle ép.

180 — Nicolas Verien, graveur. Très-belle ép. in-8, avant les noms du peintre et du graveur, marge.

181 **Falck.** Daniel Dilgerus, in-fol. d'ap. *Wagener.* Belle ép.

182 **Fessard**, † 1770. Et.-Fr. duc de Choiseul-Amboise, ministre, à mi-corps, in-fol. d'ap. *Vanloo.* Très-belle ép.

183 **Frey** (J.-P. de). Cornelis van Dalen, in-4, avant la lettre. Superbe ép., marge.

184 **Gaillard.** J.-B. Bertin, ministre, in-fol. d'ap. *Roslin.*

185 — François Castanier, receveur général des finances, in-fol. d'ap. *Rigaud.* Très-belle ép.

186 **Granthomme.** Martin Luther, in-8.

187 **Klauber.** Ch. Gab. Allegrain, sculpteur. Très-belle ép. in-fol. avec une seule ligne, marge.

188 **Lasne** (Michel). Simon Vouet, in-4. Très-belle ép.

189 **Le Beau.** Mlle Raucourt, avec une scène de Mithridate, in-8 sans marge. Très-belle ép.

190 **Leoni** (Ottavio). P.-F.-P. de Pesaro, secrétaire, in-8. Très-belle.

191 **Lombart,** 1663. Ant. de Grammont, maréchal, in fol. d'ap. *Vaillant.*

192 — Auguste de Servient, abbé, in-fol. d'ap. *De la Mare Richart.* Très-belle ép.

193 **Masquelier.** Ninon de l'Enclos. Joli portrait in-8 d'ap. *Raoux,* marge.

194 **Masson** (Ant.). Marquis de Saint-André Montbrun, in-fol. d'ap. *de Sève.* Très-belle ép. Signée 2 fois *Mariette,* 1670 et 1671. R. D. 26.

195 **Mellan.** Ch. de Créquy, duc de Lesdiguières, in-4.

196 **Moreau** le jeune, 1772. Grétry, compositeur, profil in-4. Très-belle ép.

197 **Morin.** Christyn R. D. 51). Très-belle ép. Signée par *P. Mariette, 1692.*

198 — Louis XIII (R. D. 64). Belle ép.

199 — Pierre Maugis, maître d'hôtel (R. D. 67).

200 — Philippe II, roi d'Espagne. Très-belle ép. (R. D. 71).

201 **Moyreau.** François Ier, roi de France, grand in-4 d'ap. *Titien.*

202 **Muller** (J.-G.). Jean-Georges Wille, graveur, petit in-fol. d'ap. *Greuze.*

203 **Munnickhuysen.** H. Dirksen Spielgel.

204 **Nanteuil.** L. Hesselin, conseiller d'état (R. D. 110), dans le goût de *Mellan.* Très-belle ép. 1er état.

205 — Louise-Marie de Gonzague, reine de Pologne, et de Suède (R. D. 164). Très-belle ép.

206 — Pierre de Maridat (168). Joli petit portrait.

207 — Mazarin Cardinal (177). Très-belle ép.

208 — Ch. Paris d'Orléans, comte de Saint-Paul, abbé de Saint-Remy de Reims (219). Superbe ép.

209 — H. de la Tour-d'Auvergne, vicomte de Turenne (232). Très belle ép., sans marge.

210 **Nolin**. Molière, Etat de la planche réduite pour la collection des grands hommes de Perrault. Belle ép. in-4, marge.

211 **Odieuvre** (chez). Portraits in-8° dans des entourages rocailles de Babel. 69 p., 2 lots.

212 **Perrier** (F.). Simon Vouet, peintre, petit in-fol.

213 **Petit**. Marie (Leczinska), reine de France, in-4°, d'ap. *de La Tour*.

214 **Pitau**. Gaspard de Fieubet, in-fol. d'ap. *Lefevre*.

215 **Pontius** (Paul). Philippe IV, roi d'Espagne. — Elisabeth de Bourbon sa femme. 2 port. in-fol. d'ap. *Rubens*. Belles ép.

216 **Reynolds** (J.-W.). Francis Horner — et capit. James Clark, par *Hodgetts*. 2 p.

217 **Reynolds** (d'ap.). Le prince Serge, la princesse Barbara Gagarin et leur fils. Jolie pièce in-4° par *Caroline Watson*.

218 — Lady Carolina Russell. — Lady Selina Hastings. 2 p., manière noire.

219 — The Honorable Mrs. Stanhope et autre par *Watson*. 2 p., manière noire, très-belles.

220 **Roullet**. Hilaire Clement, proc. au Parlement, petit in-fol. d'ap. *Lefevre*. Belle ép.

221 **Saint-Aubin** (Aug. de). Le Kain du Théâtre-Français, in-fol. d'ap. *Le Noir*. Belle ép.

222 **Schmidt** (G.-F.). Pierre Mignard, peintre, in-fol. d'ap. *Rigaud*. Très-belle ép. avant l'étoile au milieu du bas.

223 **Schmutzer** (J.). Ch. Guil. Ernest Diétricy, peintre, d'ap. lui-même. Beau portrait glomisé.

224 **Schuppen** (Van). Bern. de Foix de La Valette, duc d'Espernon, in-fol. d'ap. *Mignard*. Belle ép.

225 — Louis XIIII. Jeune, in-fol. d'ap. *Vaillant*. Très-belle ép.

226 — Vander Meulen, peintre, grand in-fol. d'ap. *De Largillière*.

227 **Stokius**. Lucas de Leyde, peintre et graveur, in-4. Très-belle ép.

228 **Strange**. Charles, prince de Wales, James, duc d'York, et la princesse Mary, enfans du roi Charles Ier, d'ap. *Van Dyck*, in-fol. Superbe ép.

229 **Suruge**. René Fremin, sculpteur, in fol. d'ap. *de Latour*.

230 — Madame de... (Mouchy) en habit de bal, in-fol. d'ap. le pastel de *Ch. Coypel*. Très-belle ép. d'un des plus jolis portraits de femmes de l'époque.

231 **Suyderhoef**. Franc. Heerman, in-4° d'ap. *de Geest*. Superbe ép. des cabinets Rechberger et Baron de Verstolk van Sœlen.

232 — Anna-Maria Schurman, d'ap. *J. Livius*, in-fol. Superbe ép. du cabinet Van Esdaille, sans marge.

233 **Tanjé**. François Rabelais, in-4. Belle ép. d'un bon portrait.

234 **Tardieu** (J.). J.-B. Oudry, célèbre peintre d'animaux, d'ap. *de Largillière*. Belle ép. in-fol.

235 **Trouvain** (A.). R. Ant. Houasse, recteur de l'Académie de peinture, in-fol. d'ap. *Tortebat*. Superbe ép., marge.

236 — Madame Pierre le Petit, femme de l'imprimeur-libraire, petit in-fol. Superbe ép. avant la lettre, le titre manuscrit dans la tablette blanche est de la main du roi Louis-Philippe, marge.

237 **Vanloo**. Louis XV en pied par *Petit*. — Marie Leczinska, en pied par *Chereau*. 2 très-belles ép. in-fol. formant pendant.

238 **Vermeulen**. Nic. Van der Borcht en pied, in-fol. d'ap. *Van Dyck*.

239 — Marie-Louise de Tassis à mi-corps, in-fol. d'ap. *Van Dyck*.

240 **Visscher** (C.). Robertus Junius, prédikant of Formosa, in-fol. d'ap. *Palmidas*. Belle ép.

241 — Vondel, d'ap. nature, grand in-4.

242 — Excudit. Jean Calvin en pied, petit in-fol. Superbe ép,

243 **Visscher** (L.). Marie Thérèse, reine de France, d'ap. *Vanloo*, in-fol. Très-belle ép.

244 **Wille** (J.-G.). Marquis de Marigny, in-fol. d'ap. *Tocqué*. Très-belle ép.

245 — Maurice de Saxe, d'ap. *Rigaud*, in-fol. Très-belle ép.

246 Portraits anciens et modernes, etc., etc. 26 p., 2 lots.

ÉCOLE DU XVIIIe SIÈCLE

247 **Anonyme**. L'Instant de la gaieté, in-4. Jolie p.

248 **Amiconi** (d'ap.). La Musique. Jolie composition dans le genre Watteau.

249 **Aubert** (M.). Pan instruit par l'Amour, d'ap. *Carrache.*

250 **Aubert** (d'ap. L.). La Revendeuse à la toilette par *Cl. Duflos.* Belle ép. d'une jolie p. d'intérieur.

251 **Baudouin** (d'ap.). Perette la laitière. — La jeune Marchande de fleurs. 2 charmantes pièces. Très-belles ép. avant la lettre, sans marge.

252 — Le Carquois épuisé, par *Delaunay.* Joli intérieur de boudoir. Superbe ép. d'une des plus jolies pièces de l'époque.

253 — Les Cerises, par *Ponce.* Très-belle ép. avant la lettre, sans marge.

254 — Le Danger du tête à tête, ravissant intérieur de boudoir. Très-belle ép. par *Simonet,* marge.

255 — Le Fruit de l'amour secret, par *Voyez* junior. Très-belle ép. Collée en plein.

256 **Beauvarlet**. Acis et Galathée. — L'Enlèvement d'Europe 2 p. d'ap. *Lucas Giordano.*

257 **Bénard** (d'ap.). Repos de chasse, Madame de Pompadour servie par son nègre et sa camériste, gravé par *Moitte.*

258 **Boilly** (d'ap.). Prélude de Nina, par *Chaponnier.*

259 **Boucher**. Villageoise (de Baudicourt 11). — Paysage d'ap. *Watteau* (94). — Buste de jeune fille d'ap. *Watteau* (117). 3 p.

260 — Le Portrait de Watteau entouré de figures allégoriques (44).

261 **Boucher** (Madame). Deux Villageois dormant, eau-forte du cabinet du Baron de Vèze.

262 **Boucher** (d'ap.). La Marchande de modes, par *Gaillard*. Très-belle ép. d'une jolie pièce.

263 — Le Tribut de la reconnaissance, Mausolée de Dorothée Sandow, Titre des Fontaines. 3 p.

264 — Vénus couronnant l'Amour, par *Aveline*. Très-belle.

265 — L'Amour désarmé, par *Fessard*, dédié à Madame de Pompadour. Très-belle ép.

266 — Foire de campagne, par *Cochin* fils. Très-belle ép., marge.

267 — Les Charmes de la vie champêtre, par *Daullé*.

268 — Les armoiries de Madame de Pompadour, soutenues par cinq Amours, in-fol.

269 **Chardin** (d'ap.). La Fontaine. — La Blanchischisseuse. 2 p. par *Cochin*. Belles ép.

270 — La Gouvernante. — La Mère laborieuse. 2 p. par *Lepicié*.

271 — La Bonne éducation, par *Le Bas*. Belle ép. d'une jolie p. Rare.

272 — L'Econome. Très-belle ép. d'une jolie p., par *Le Bas*.

273 — Les Amusements de la vie privée, par *Surugue*, 1747. Très-belle ép. d'une charmante p. très-recherchée.

274 **Cochin** (C.-N.). Le Tailleur pour femme. Très-belle ép. d'une jolie pièce.

275 — Ecole de Dessin, d'ap. la bosse et la nature.

276 **Cochin**, Concours pour le prix de l'Etude des têtes et de l'Expression, par *Flipart* : on dit Mlle Clairon posant.

277 — Bataille de Fontenoy, grand in-8, par *Soubeyran*.

278 — Statue de Louis XV à Reims, d'ap. *Pigale*. — Saint Évêque soutenu au ciel, au bas une cathédrale. Ép. in-8, très-belles.

279 — Armoiries du Dauphin soutenues par des anges. — Celles de Marigny entourées de femmes tenant les attributs des Arts. 2 p. in-8.

280 — L'Architecture, Menuiserie, Sculpture, Jardinage. 4 p. in-8 en travers, avec lettres ornées.

281 — Illuminations de la rue de la Ferronerie en 1739. — Autre Illumination dans la même rue en 1745. 2 jolies p. historiques. Très-belles ép.

282 **Coypel** (A.). Pan dompté par les Amours. Très-belle., 1er état avant 1692.

283 — Bacchus et Ariadne, d'ap. le tableau qui est à Saint-Cloud. Très-belle ép.

284 **Coypel** (d'ap.). Renaud et Armide, par *J. Audran*. Très-belle ép.

285 — Vénus sur les eaux, entourée d'Amours, charmante pièce par *Desplaces*. Très-belle ép., grande marge.

286 — Thalie chassée par la Peinture. — Roland apprend la perfidie d'Angélique. 2 p.

287 **Debucourt**. La Rose mal défendue, avec marge.

288 **Delafosse**. Chenets, Trépieds, Candélabres, Attributs, etc. 6 feuilles à plusieurs motifs.

289 **De Troy** (d'ap.). David et Bethsabée, par *Cars*. Belle ép.

290 **Du Four**. Vue de la ville de Clèves, d'ap. *Compé*. Très belle ép. avec marge.

291 **Dumont** aqua forti. L'Eau, terminé par *Surugue*. Belle ép. Glaucus et Iris.

292 **Eisen** (Ch.). Mars et Vénus. — Hercule et Omphale. 2 Sujets gracieux, à l'eau-forte, ovales en travers sur la même planche. Rare.

293 **Eisen** (d'ap.). Scènes d'Amants, pastorales. 2 p. in-8, par *de Longueil*.

294 — Le Matin, le Midi, l'Après-midi, le Soir, 4 p., par *de Longueil*. Jolies scènes familières.

295 Le Jour de mariage, par *Patas*. Belle ép. d'une pièce à jolis costumes.

296 — Vignettes pour les Contes de La Fontaine, in-8, par *de Longueil*, *Leveau* et autres. 45 p. très-belles.

297 **Flipart**. Scènes vénitiennes de bal et autres. 3 p.

298 **Fragonard** (H.). Le Receveur (de B. 1). Très-belle eau-forte.

299 — Le Parc (4) et autre différent. 2 p.

300 — La Famille du Satyre, et les Femmes à cheval. (5.) 2 p.

301 — Disciples d'Emaus et les Femmes sur les nuages (22), 1er état. 2 p.

302 **Fragonard** (d'ap.). Les Beignets, contre-épreuve d'eau-forte pure avec le dessin de l'entourage et des armes, au crayon. Le même terminé avec la lettre. Belle ép., sans marge.

303 — L'Education fait tout. — Dites donc s'il vous plaît. — La Famille du fermier, eau-forte. — Le Bonheur du ménage, d'ap. *Leprince*. 4 p.

304 **Fragonard** (D'ap.) Le Serment d'amour, par *Mathieu*. Belle ép., marge.

305 — La Bonne Mère, par *Delaunay*. Superbe ép., marge.

306 — Les Hasards heureux de l'Escarpolette, par *Delaunay*. Superbe ép., de forme carrée.

307 **Freudeberg** (d'ap.). Le Lever, par *Romanet*. Très-belle ép. avant le n°.

308 — Le Bain (2). Belle ép., par *Romanet*.

309 — Le Boudoir (7), par *Maleuvre*.

310 — L'Occupation, par *Lingée*, avant le n°.

311 — La Soirée d'Hiver, par *Ingouf*, avant toute lettre.

312 **Gillot**. Fête de Diane, troublée par les Satyres.

313 — Costumes de Théâtre. 10 p. avant toutes lettres et eaux-fortes pures.

314 **Gillot** (d'ap.). La Collation préparée dans un jardin, par *Cochin*. Belle ép., marge,

315 — Repos de Chasse. Jolie pièce anonyme.

316 **Godonnesche** (chez). Amusements champêtres. Jolie composition dans le goût de Watteau.

317 **Gravelot**. Etudes de figures et cavaliers, d'ap. *Séb. Leclerc*. 2 petites pièces rares.

318 — (D'ap.). Le Lecteur, par *Gaillard*. Très-belle ép. d'une jolie pièce.

319 **Jeaurat** (d'ap.). L'Exemple des Mères, par *Lucas*.

320 **Joullain**. M. de Pourceaugnac, d'ap. *Coypel*.

321 **Lafosse** (de). L'Enlèvement de Proserpine, par *Lempereur*.

322 **Lalonde**. Feux. Chenets, Baromètres et Vases sur gaînes, socles et piédouches, par *Deneufforge*. 9 feuilles à plusieurs motifs.

323 **Lancret** (d'ap.). Conversation galante, par *Lebas*.

324 — Le Feu, par *B. Audran*. — La Terre, par *Cochin*. 2 jolies pièces.

325 — D'un Baiser que Tircis caché dans ces beaux lieux. Très-belle ép., par *S. Silvestre*. marge.

326 — Partie de plaisir, c'est la Société des Bonnets de coton, gravé par *Moïtte*,

327 — Mademoiselle Camargo dansant, grand in-fol, par *L. Cars*. Très-belle ép.

328 **Larmessin**. La Jument de compère Pierre, d'ap. *Vleughels*.

329 **Lavreince** (d'ap.). Le Retour trop précipité.

330 — l'Heureux moment par *de Launay*. Très-belle.

331 — Les Offres séduisantes par *Delignon*. Très-belle.

332 — La Marchande à la toilette, par *Vidal*. Très-belle.

333 — La Soubrette confidente, par *Vidal*, avant la dédicace.

334 — Le Directeur des toilettes, par *Voyez*. Très-belle ép. avant toute lettre.

335 — Le Billet doux, par *Delaunay*. Magnifique ép. avant la lettre, grande marge; ç'est une des plus jolies pièces pour la richesse du costume.

336 **Le Barbier** (d'ap.). Vignettes pour les chansons de Laborde. 6 p. in-8, très-belles ép.

337 **Lemoine** (d'ap.). Hercule et Omphale. — L'Enlèvement d'Europe. 2 p.

338 **Lepeintre** (d'ap.). La Tricherie reconnue. — Le Danger de la bascule. 2 p. par *de Monchy*. Très-belles ép.

339 **Marillier** (d'ap.). Les Désirs réciproques, gravé par Mme *Chevery*.

340 **Martinet**. Bal du Mai à Versailles au carnaval de 1763, d'ap. *Slodtz*. Très-belle ép.

341 **Martini**. Exposition des tableaux au Louvre en 1785.

342 — Exposition au salon du Louvre en 1787.

343 — Exhibition de l'Académie royale en 1787.

344 **Mondon**. L'Amant fidèle, sujet genre Watteau, dans une décoration rocaille.

345 **Monnet** (d'ap.). Jupiter et Io. — Vénus et Adonis. 2 p. gracieuses, par *Vidal*.

346 **Moreau** (d'ap. L.-G.). Intérieur de parc avec rochers et chute d'eau, figures, ép. avant le pont chinois, gravé, par *Elise Saugrain* 1785. Très-belle ép.

347 **Moreau** le jeune (d'ap.). Répertoire du spectacle de la cour, par Ponce. Belle ép. sans titres à la main.

348 — Louis XVI. — Marie-Antoinette, médaillons entourés de figures allégoriques. 2 p., très-belles ép. gravées par *Le Mire*, sans marge.

349 — Exemple d'humanité, trait de la vie de Marie-Antoinette, dauphine. Très-belle ép., par *Godefroy*.

350 — Couronnement de Voltaire en 1778, par *Gaucher*. Très-belle ép., chez l'auteur.

351 — La même avec le titre changé : Hommages rendus à Voltaire. A Paris, chez Naudet.

352 — Réception d'envoyés français, par un sultan, avant la lettre, par *Duclos* 1780, marge.

353 — Marchand de complaintes, vignette in-8, avant toute lettre.

354 — Vignettes pour les chansons de La Borde et autres gravées par *Le Mire*, *Moreau*, etc. 6 p. in-8. Très-belles.

355 — Pièces tirées du Costume physique et moral.
Déclaration de la grossesse par *Martini*.
Les Précautions, par *Martini* 1777. A. P. D. R.
N'ayez pas peur, ma bonne amie, *Helman*. A. P. D. R.
Les petits Parrains, *Baquoy* et *Patas* A. P. D. R.
L'Accord parfait, *Herman*. A. P. D. R.
Les Adieux, *de Launay* le jeune. A. P. D. R.
La Rencontre au bois de Boulogne. A. P. D. R.
La Dame du Palais de la reine. A. P. D. R.
Le Lever, par *Halbou*. A. P. D. R.
La petite Toilette, par *Martini*. A. P. D. R.
La grande Toilette, par *Romanet*.
La Course des chevaux, A. P. D. R.
Oui ou non, par *N. Thomas*. A. P. D. R.
Le Seigneur chez son fermier, *Delignon*. A. P. D R.
Le Souper fin, par *Helman*.

Ces 15 pièces, d'une grande beauté d'ép. et d'une belle condition, seront divisées.

356 **Parrocel** (Jean-François). Le Charme de la musique (P. de Baudicourt, n° 3), 1er état. Très-rare

357 **Pasquier.** Louis XV. Tenant le sceau en personne pour la première fois, 1757. Jolie p. in-4.

358 **Patas.** Levée du roi. — Cérémonie des offrandes et médaille pour la naissance du Dauphin. — Lit de justice à Versailles, 1797, par *Duparc*. 4 p.

359 **Pater** (d'ap.). La Pintresse, par *Galimard.*

360 — Le Baiser donné. — Le Baiser rendu. 2 p. des Contes de Lafontaine, par *Filleul.* Très-belles ép., adresse chez Filleul.

361 — Le Plaisir de l'été, dame sortant du bain. Jolie p., par *Surugue*. Très-belle ép.. grande marge.

362 — L'Essay du bain, par *Voyez*. Très-belle ép.

363 **Petit-Radel** (L.-F.). Fontaine monumentale, tombeau, monuments divers par *P. Moreau.* 7 p.

364 **Piauger** (d'ap.). Allégorie pour le Mariage de L.-F.-J. de Bourbon Conty avec F. Marie d'Este, en 1759.

365 **Pierre** (J.-B.-M.). Le Marché de village (P. de B. 30). Très-belle ép.

366 — (d'ap.). Le Marché aux légumes. Très-belle ép., marge, par *Pelletier.*

367 **Ranson.** Cadres pour médaillons ovales et ronds avec attributs et entourés de fleurs. 6 feuilles à 4 motifs.

368 **Raoux** (d'ap.). La Toilette de Bethsabée à sa sortie du bain, par *Chereau*. Belle ép.

369 **Regnault.** La Nuit. Jolie p. gracieuse, belle ép.

370 **Ricci** (d'ap.). Bethsabée au bain, par *Pieroleri.*

371 **Saint-Aubin** (Aug. de). Intérieur du salon de M. Gaillard de Gagny, receveur des finances à Grenoble. in-8. Jolie p., 1757. — Un meurtre, par *N. Le Jeune* (P. de B. 2). 2 p.

372 **Saint-Aubin** (Gabriel de). Laban cherchant ses Dieux (P. de B. 1). Ép. perfectionnée à la plume par l'auteur.

373 — Réconciliation d'Absalon et de David (P. de B. 3).

374 — Allégorie sur la convalescence du Dauphin (P. de B. 3). Superbe ép., 1er état.

375 — Vue de la Foire de Beson, près Paris, 1750 (P. de B. 17). Magnifique ép. d'une p. très-rare.

376 — Mérope, acte 5 (P. de B. 34). Très-belle ép.

377 **Saint-Non**, 1755. Fêtes de village, le Bal. — Marché de village, jeu de bouchon. 2 p. d'ap. *Benard*. Très-belles ép.

378 — La Danse de l'ours, d'ap. *Fragonard*. — Paysages d'ap. *Le Prince*. 3 p. Très-belles.

379 **Smith** ex. The Promenade at Carlisle House. Composition avec jolis costumes, 1781, manière noire. Très-belle ép., lettre grise.

380 **Subleyras** (d'ap.). Frère Luce (P. de B. 32).— La Courtisane amoureuse (P. de B. 35). 2 jolies p., in-4, très-rares, gravées par *Pierre*. Très-belles ép. sujets tirés des Contes de Lafontaine.

381 **Touzé** (d'ap.). Les Amusements dangereux, par Voyez le jeune. Très-belle ép.

382 **Troost** (d'ap.). La Fille rusée ou le Tuteur trompé. — La Fausse vertu ou la Feinte tristesse. — L'Amoureuse Brigide. 3 jolies p., par *Tanjé*.

383 **Vanloo** (d'ap.). L'Amour à l'école, par *Gaillard*. — Enée sauvant son père Anchise. 2 p.

384 **Watteau** (d'ap). Figures de Modes, par Cochin, Desplaces, Jeaurat, etc. 8 p. dont un titre.

385 — Portrait de Watteau à mi-corps, par *Boucher*. (P. de B. 45.)

386 — La Coquette, arabesque par *Boucher*. Très-belle ép. (P. de B. 152.)

387 — Signature du contrat, réduction petit in-fol.

388 — M. de Julienne jouant du violoncelle dans un jardin près de Watteau peignant, par *Tardieu*. Très-belle ép.

389 — Sous un habit de Mezetin, par *Thomassin*.

390 — Au faible effort que fait Iris pour se défendre, par *C. N. Cochin*. Très-belle ép.

391 — Le Rendez-vous, par *B. Audran*. Très-belle ép.

392 — Pour nous prouver que cette belle, par *Sarugue*. Très-belle ép.

393 — La Collation, jolie p. par *Moyreau*. Très-belle.

394 — Le Bain rustique, jolie p. gracieuse par *A. Cardon*. Belle ép., marge.

395 — Comédiens italiens, par *Baron*, marge.

396 — Leçon d'amour, par *Ch. Dupuis*, 1734. Très-belle ép.

397 — Rendez-vous de chasse, par *Aubert*. Belle ép.

398 **Vernet** (Joseph). Marine (P. de B. 1). — Les Pêcheurs (P. de B. 2), 1er état. 2 p.

399 **Vien**. Loth et ses filles (P. de B. 2). — Le même sujet d'ap *de Troy* (P. de B. 1). 2 p. très-belles.

400 **Wille** (J.-G.). Mort de Cléopâtre. — Tricotteuse hollandaise. 2 p.

401 **Winkeles**. Rue hollandaise. — Rue italienne. Scènes et décorations théâtrales. 2 p.

402 **Illustrations** pour le Décaméron de Boccace, 1757. 95 vignettes in-8, d'ap. Boucher, Cochin, Eisen, Gravelot, gravées par Lemire, Tardieu et autres.

403 Voitures, Berline, Chaise de poste, Meubles, Fauteuils, Chaises, Tables. 6 p.

PIÈCES EN COULEUR

404 **Debucourt**, 1787. Le Compliment ou la Matinée du jour de l'an. — 1788. Les Bouquets ou la Fête de la grand-maman. 2 p. en couleur. Superbes ép. d'une grande fraîcheur et belles marges.

405 **Demarteau**, d'ap. Huet. Pastorales, 4 sujets portant les nos 583, 584, 585, 586. Belles ép. en couleur.

406 **Lavrince** (d'ap.). On y va deux, par *Step. Benoist*, en couleur. Pièce rare qui doit être faite pour pendant à la pièce suivante.

407 — Ah! laisse-moi donc voir, en couleur par *Janinet*. Belle ép. d'une charmante pièce.

408 **Sergent** (d'ap.). Vue de la place d'Henri IV, prise sur l'eau, en couleur par Le *Campion*. Ovale. Très-belle ép.

409 **Pièces en couleur.** Alexandre Ier de Russie visitant l'atelier d'un peintre. — Patriotic dinner. — Bataille de Hanau. 3 p.

LIVRES A FIGURES

ESTAMPES MODERNES, LITHOGRAPHIES

ÉCOLE ANGLAISE

410 Vie de Napoléon, rédigée par une société de gens de lettres. 140 planches lithog. par *Madou*, d'ap. des maîtres français. 2 vol. in-4. Bruxelles, 1827, demi-rel. veau.

411 Les Fastes de la nation française et des puissances alliées. Paris, 1807, 1 vol. in-4 de 140 planches, demi-rel. mar. r.

412 Sujets de l'Odyssée d'Homère, d'ap. *J. Flaxman.* 130 pl. en trois parties. Paris, Feuillet et Brégeant. 1 vol. in-4 oblong, demi-rel,

413 Nouvelle collection d'arabesques propre à la décoration, par *Lavallée Poussin.*

414 Regola della cinque ordine di Giacomo Barozzio da Vignola, etc.

415 Le Laurentin, maison de campagne de Pline le jeune. Paris, 1838, grand in-8, carton.

416 Les Français peints par eux-mêmes, 2 vol. en un. Paris, Curmer, 1841, grand in-8, demi-rel. m. grenat.

417 Siége de la citadelle d'Anvers, par *Raffet*, 1 vol. in-fol., 24 pl. demi-rel. mar. r.

418 Retraite de Constantine, 6. — Prise de Constantine, 12. 1 vol. in-fol., demi-rel. m. r.

419 **Charlet**. 10 Albums complets de 1823 à 1832. 1 vol in-4, carton.

420 **Jennings Landscap annual**. Grenada, 1835. — Andalusia, 1836. — Biscaye, 1837. — Spain and Marocco 1838, plus 2 keepsake. 6 vol. Pourront être vendus séparément.

421 **Drouais** (d'ap.). Le Christ et la Chananéenne, par *Massard*. Sup. ép. avant toute lettre.

422 **École anglaise**. Le Pont de Saint-Maurice, d'ap. *Bonington*, Disappointed Lowe, The story of my life. 3 p. très-belles.

423 **Girardet**. La Cène, d'ap. *Ph. de Champagne*. Superbe ép. avant la lettre, toute marge.

424 **Hamman**, aqua forti, 1842. Scène hollandaise devant la porte d'une hôtellerie, d'un effet piquant.

425 **Johannot** (d'ap. Alfred). Illustration pour Tom Jones. 6 p. in-8. Très-belles ép., toute marge.

426 — Illustration pour Walter Scott par les meilleurs graveurs. 30 p. en 10 livraisons. Superbes ép. in-8 sur chine.

427 **Leroux**. Sainte Catherine, d'ap. *Raphaël*.

428 **Musée Royal**. Le Christ au tombeau, d'ap. Carrache, Caravage, André del Sarte, saint Jérôme et 2 p. de saint Bruno, d'ap. Lesueur. 6 p. dont 5 avant la lettre. Très belles ép.

429 **Strange**. Buste de Vierge, d'ap. *Guido Reni*. Très-belle.

430 **Vignettes anglaises**. Portraits de jolies femmes, sujets tirés de Keepsake, Vues de Suisse et Italie, etc., plusieurs sur chine. 40 p., très-belles ép. Pourra être divisé.

431 **Woollett** (W.). Maison, Pont, Temple de Vénus, dans le jardin de sir F. Dashwood. 2 p., très-belles.

432 **Lithographies**. Charlet : Grenadier de Waterloo (39), l'intrépide Lefèvre (102), l'Allocution (333), et autres, Bellanger. 7 p.

433 — Gavarni, Decamps et autres lithographies. 23 p.

434 **Dessins** au crayon et lavés, par Pérignon, et Cheval ; mine de plomb par E. Lami. 6 p.

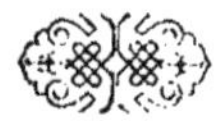

Renou et Maulde, Imprimeurs de la Compagnie des Commissaires-Priseurs, rue de Rivoli, 144. 56376

PORTRAITS EN BISTRE

Collections de Portraits inédits ou rares de Personnages célèbres

REPRODUITS NOUVELLEMENT PAR LA GRAVURE

Publiés par VIGNÈRES, Md d'Estampes

Rue de la Monnaie, 15, à l'entresol, entrée rue Baillet, 1.

ALBANY (Louise-Max. de Stolberg, comtesse d'). Gravée par Varin.
AMOROS, colonel, fondateur de la gymnastique en France. id.
ARGOUT (Antoine-Maurice-Apollinaire, comte d'). J. Porreau.
BABEUF (F.-N.-Gracchus), journaliste. id.
BARÈRE (Bertrand), de Vieuzac, conventionnel. id.
BEAUHARNAIS (comtesse Stéphanie de), poète, romancière. Sisco.
BERRUYER, général, commandant des Invalides. J. Porreau.
BERTRAND DE MOLLEVILLE, marquis, ministre, littérateur. id.
BIÈVRE (marquis de), célèbre auteur de calembours.
BLANCHARD (Madeleine-Sophie-ARMAND, Madame), aéronaute. id
BONJOUR (Casimir), auteur dramatique. id.
BORGHÈSE (Camille-Philippe-Louis), prince. id.
BOSSUT (Charles), mathématicien. id.
BRAZIER (Nicolas), auteur dramatique, d'après Marlet. id.
BRISSOT (J.-P.), de Varville, conventionnel. id.
CANCLAUX (J.-B. Camille, comte de), général, pair. id.
CAYLA (comtesse de), née Talon, d'après le baron Gérard. Massard.
CLOUET dit JANET, (François), peintre de portraits. J. Porreau.
COCHON, comte de l'APPARENT, conventionnel, ministre. id.
DEBUREAU, acteur des Funambules, Pierrot. id.
DE FERMONT (comte), député, conseiller d'État. id.
DEVIENNE, actrice, Théâtre-Français. Normand.
DONADIEU, baron, général de division. J. Porreau.
DORAT-CUBIÈRES-PALMEZEAUX, poète, auteur dramatique. id.
DROZ (Joseph), littérateur, académicien. id.
DUCHESNE aîné, conservateur du cabinet des estampes. id.
DUCOS (Roger), avocat, constitut., 3e consul provisoire. id.
ÉLIE DE BEAUMONT, avocat au Parlement de Paris. Devritz.
EMPIS (Adolphe), auteur dramatique. J. Porreau.
EPAGNY (d'), poète dramatique. id.
FABRE DE L'AUDE (comte), député, pair, littérateur. id.
FIEVÉE (J.), littérateur, auteur dramatique. id.
FRÉRON (Louis-Stanislas), conventionnel. id.
FROCHOT, comte, préfet, député. id.
GARNERIN (A.-J.), inventeur du parachute. id.
GARNERIN (Élisa), aéronaute. id.
GAUDIN, duc de Gaëte, ministre des finances. id.
GENLIS (A. Brulard, comte de), cap. des gardes, convent. id.
GEOFFROY (J.-L.), critique, journaliste. id.
GODOI (don Manuel), prince de la Paix. Varin.
GOUFFÉ (Armand), chansonnier, vaudevilliste. J. Porreau.
GUIMARD (Mademoiselle), danseuse. id.

Jouffroy (Théodore-Simon), professeur, académicien | J. Porreau.
Jousselin de Lasalle, homme de lettres. | id.
Kant (Emmanuel), philosophe allemand. | Bracquemond.
Lacalprenède (Gauthier de Costes, seign. de), romancier. | Varin.
Lainé (J.-H., vicomte), ministre et académicien. | J. Porreau.
Lamballe (princesse de), dess. d'ap. nature par Gabriel. | id.
Lasource (M.-David-Albin de), député du Tarn. | id.
Lavallière (L.-F. de la Baume, duchesse de). | id.
Lenormand (Mademoiselle), nécromancienne. | id.
Lecotte (Edme-Aimé), lieut.-général, comte, né à Dijon. | id.
Marat, à la tribune, dess. d'après nature par Gabriel. | id.
Martin (Louis-Aimé), littérateur. | id.
Maurepas (J.-Fréd. Phelypeaux, comte de), ministre. | Varin.
Mazères (Édouard), auteur dramatique. | J. Porreau.
Mesmer, auteur du magnétisme animal. | id.
Mézeray, actrice, Théâtre-Français. | Normand.
Orléans, duc de Montpensier (Ant.-Philippe d'), 1773-1807. | J. Porreau.
Persuis (L. Loiseau de), musicien, d'ap. Pierre Guérin. | id.
Petiet (Claude), député, ministre de la guerre. | id.
Philidor (André-Danican), musicien, auteur du jeu d'échecs. | id.
Pilon (Germain), sculpteur, 1550. | id.
Pixerécourt (Guilbert de), fac-simile, d'après J. Boilly, in-4. | id.
Pongerville (Samson de), académicien. | id.
Pontus de la Gardie, général en Suède. | id.
Ramel-Nogaret, ministre des finances, préfet. | id.
Récamier (Madame), d'ap. Cosway. | id.
Reveillère-Lepaux, botaniste, théophilanthrope. | id.
Robert-Lindet, député, conventionnel, ministre. | id.
Romme (Gilbert), conventionnel. | id.
Rouget de L'Isle, auteur de *la Marseillaise*, musicien. | Varin.
Saint-Huruge (marquis de). | J. Porreau.
Saint-Prix, acteur, Comédie-Française. | id.
Saint-Simon (Claude-H., comte de), philosophe. | Perrot.
Silvain Maréchal, poète et littérateur. | Devritz.
Tallien (Madame), née Cabarus, d'après le baron Gérard. | Massard.
Treilhard (J.-B., comte), député, ministre, etc. | J. Porreau.
Tronson du Coudray, avocat, du Conseil des Anciens. | id.
Vadier (A.), député aux États-Généraux. | id.
Vatout (J.), poète, académicien, bibliothécaire. | Varin.
Vigée (L.-G.-B.-E.), poète et auteur dramatique. | J. Porreau
Westermann, général, d'ap. le Phisionotrace. | id.
Cartouche (Louis-Dominique), fameux voleur. | Lallemand
Mandrin (Louis), fameux contrebandier. | Delaistre.

Chaque portrait pouvant entrer dans un in-8° est tiré in-4°.
Avec la lettre, papier blanc, 1 fr.; papier de Chine, 1 fr. 25 c.
Avant la lettre, papier blanc, 1 fr. 50 c.; papier de Chine, 2 fr.
Dont il n'est tiré que 20 épreuves blanc et 5 Chine.

Afin de faciliter les recherches des Amateurs de portraits, soit pour les illustrations, soit pour les collections d'autographes ou autres, *deux Catalogues détaillés* de quelques collections de portraits qui peuvent se trouver chez moi, classés par ordre alphabétique, seront remis aux personnes qui en feront la demande affranchie.

Renou et Maulde, imprimeurs de la Compagnie des Commissaires-Priseurs, rue de Rivoli, 144. 36376

www.ingramcontent.com/pod-product-compliance
Ingram Content Group UK Ltd.
Pitfield, Milton Keynes, MK11 3LW, UK
UKHW021041180726
13838UKWH00004B/1945